PUBLICATIONS

DE L'ASSOCIATION HISTORIQUE DE L'AFRIQUE DU NORD

II

LA PORTE DE SIDI OQBA

Par P. BLANCHET

PARIS

ERNEST LEROUX, ÉDITEUR

28, RUE BONAPARTE, 28

1900

PUBLICATIONS

DE

L'ASSOCIATION HISTORIQUE

POUR L'ÉTUDE DE L'AFRIQUE DU NORD

II

LA PORTE DE SIDI OQBA

PORTE DE LA MOSQUÉE FUNÉRAIRE DE SIDI OQBA
(Algérie)

P. BLANCHET

LA PORTE DE SIDI OQBA

PUBLIÉE SOUS LES AUSPICES

DE L'ASSOCIATION HISTORIQUE

POUR L'ÉTUDE DE L'AFRIQUE DU NORD

PARIS

ERNEST LEROUX, ÉDITEUR

28, RUE BONAPARTE, 28

1900

Le présent fascicule contient la dernière œuvre que notre regretté secrétaire général avait rédigée à notre intention. C'est avec un sentiment de profonde douleur que nous en avons corrigé les épreuves, au moment même où, revenu de la périlleuse mission qu'il avait réussi à mener à bonne fin, malgré les difficultés de toute sorte qu'il avait rencontrées et les souffrances qu'il avait éprouvées pendant une longue captivité, il succombait aux atteintes d'un mal terrible.

Les membres de l'Association uniront leurs regrets aux nôtres, devant une mort aussi imprévue et une carrière si prématurément brisée.

LA PORTE DE SIDI OQBA

Ce n'est pas un monument inconnu que je prétends révéler ici aux membres de l'Association : il n'est pas un touriste qui vienne à Biskra sans pousser jusqu'à Sidi Oqba, et qui ne voie par conséquent la porte sculptée dont il s'agit. Ce monument ne se recommande d'autre part ni par l'histoire ni par la légende : pas d'inscription, pas de tradition qui y rattache le nom d'un émir ou d'un sultan. Je dirai même qu'il est à peine inédit, car l'admirable photographie qu'en a fait faire le Service des Monuments Historiques, et que M. Ballu, avec une bonne grâce dont je le remercie tout particulièrement, a bien voulu m'autoriser à reproduire ici, est certainement déjà en bien des mains.

Je crois bon cependant de publier la porte de Sidi Oqba. Je laisse de côté ce fait que les montants et le linteau intérieurs n'en avaient jamais été photographiés, et nous gardent, par conséquent, une part de nouveau : je crois bon de la publier parce que je crois bon de publier, le plus tôt possible, toutes les sculptures sur bois que nous a laissées le moyen-âge berbère : les sculpteurs des Zirides et des Hammadites redoutaient le travail de la pierre, et les émirs eux-mêmes se souciaient peu d'un décor aussi pauvre : les bois précieux, l'or et l'argent étaient seuls dignes de leurs palais. Si, à toute force il fallait couvrir de sculptures un pan de mur, on commençait par l'enduire de stuc. L'or et l'argent, par les Hilaliens, les Almoravides, les Chrétiens, à vingt reprises furent fondus et refondus ; le stuc, sauf en des régions exceptionnellement sèches, est retombé en poussière. Les panneaux de bois seuls ont survécu.

Mais s'ils ont duré jusqu'à nous, il faut nous hâter de les étudier : le contact des Européens n'a pas développé chez l'indigène le respect de ses antiquités ; loin de là, l'indifférence des savants eux-mêmes pour ce qui n'est pas romain, grec ou punique, a exercé plutôt une influence inverse : n'a-t-on pas vu l'an dernier les gens de Gafsa faire du feu avec le mimber de leur mosquée, un travail très intéressant du XIV° siècle ? Ce sont choses dont personne ne s'émeut, et l'exemple peut être funeste.

Ceux qui s'intéressent aux choses du moyen-âge musulman ont compris qu'il fallait réagir : M. Saladin a décrit, dans la publication dirigée par MM. Gauckler et Roy[1], l'admirable chaire de la Mosquée de Sidi Oqba de Kairôan et son non moins admirable *mimber*, ainsi que les autres boiseries de la grande Mosquée, les portes, la clôture du *beit el idda*, les linteaux naguère encore dissimulés sous le plâtre et la peinture. Je ferai d'autre part reproduire, d'accord avec la Direction des Antiquités, et pour le Bulletin de l'Association, la très belle chaire de Djama Zitouna, que nul Européen n'a encore vue : mais il y a dans vingt, dans trente mosquées de la Tunisie et de l'Algérie, des sculptures de bois encore intactes et inconnues : il faudrait réunir tout cela avant que la destruction n'ait achevé son

1. Les Monuments historiques de la Tunisie, 2me partie : les Monuments arabes, publiés par P. Gauckler et B. Roy, avec la collaboration de H. Saladin. La Mosquée de Sidi Oqba, par H. Saladin.

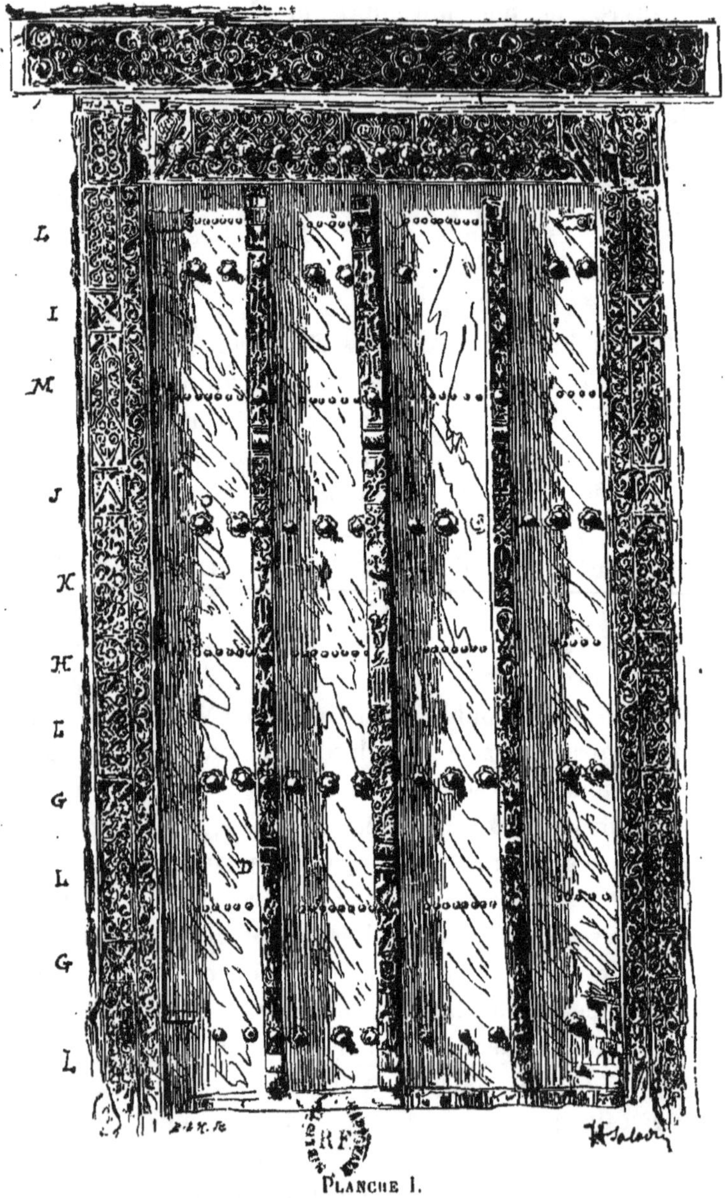

Face principale de la porte de la Mosquée funéraire de Sidi Oqba (Algérie),
dessin de H. SALADIN, d'après une photographie du service des Monuments historiques.

œuvre : c'est pour prêcher d'exemple que je publie aujour-
d'hui la porte de Sidi Oqba.

Je me permettrai d'ajouter qu'il y a quelque mérite à le
faire : à l'heure actuelle, il est impossible de rien conclu-
re de ces sculptures ; nous n'en connaissons pas assez —
et toute généralisation serait prématurée. Quoiqu'il en
soit, je crois qu'il faut avant tout empêcher le retour de ce qui
s'est passé à Gâfsa, attirer de ce côté l'attention des
services compétents, et sauver d'abord à la science, en les
publiant, des monuments que leur fragilité met trop facilement à la merci des imprudents ou des indifférents.

Je me garderai donc soigneusement de toute théorie ;
je décrirai seulement la porte de Sidi Oqba ; j'en donnerai
les mesures ; j'en détaillerai les procédés d'assemblage.
Quant aux ornements qui la décorent, les planches
parleront d'elles mêmes : je hasarderai à peine une
hypothèse sur l'âge du monument, et quelques rapproche-
ments qu'on ne saurait éviter.

En un mot, il ne s'agit pas ici d'étudier l'art berbère du
moyen âge, à propos de la porte de Sidi Oqba, mais bien
de mettre dans le domaine public un monument aujour-
d'hui connu seulement de quelques amateurs : si l'exemple
suivi nous aide à constituer un *Corpus* des sculptures sur
bois du Maghreb, j'aurai pleinement atteint mon but.

La porte sculptée de Sidi Oqba forme la troisième baie
par laquelle on pénètre de l'étroite cour d'entrée dans la
Mosquée du Conquérant.

Ces baies ont été réparées par le Génie Militaire lors de
la récente réfection de la Mosquée ; mais la porte elle-
même n'a pas eu à en souffrir.

C'est une porte en bois de cèdre, à deux battants, large
de 1ᵐ 40, haute de 2ᵐ 70, épaisse de 0ᵐ 04. Chaque battant
qui tourne sur des pivots cylindriques engagés dans des
crapaudines pratiquées dans le seuil et dans le linteau, est
formé de deux ais, réunis en arrière par quatre traverses.

Six grands clous de bronze réunissent ais et traverses. Ils se terminent par une tête massive qui sort d'une légère corolle ajourée : il semble du dehors que l'on ait voulu orner la porte de quatre rangs de fleurs métalliques, singulières mais gracieuses et fortes. (V. planche 1, o).

Trois baguettes sculptées couvrent le joint des ais et l'entrebaillement. Les deux baguettes de droite ont été, il y a longtemps déjà, coupées en leur milieu pour permettre d'y placer un verrou de bois aujourd'hui disparu.

L'huis est très richement décoré : deux montants, un linteau et un *surlinteau*, qui déborde le premier, sont couverts d'arabesques.

Les montants mesurent 3^{m}05 $\times$ 0^{m}20, ils ont une épaisseur de 0^{m}055. Le linteau mesure 1^{m}42 $\times$ 0^{m}23 ; le linteau supérieur 1^{m}82 $\times$ 0^{m}23.

Une entaille a été pratiquée au sommet de chaque montant pour recevoir l'extrémité du linteau ; elle a été taillée brutalement au milieu d'un motif; il suffit de regarder avec quel soins ont traitées les extrémités du linteau pour constater que nous sommes ici en présence d'un raccommodage : les proportions relatives des pièces horizontales et surtout la présence du linteau supérieur caractéristique de la construction africaine, nous permettent cependant d'affirmer qu'à très peu de chose près l'aspect primitif de la porte était bien ce qu'il est aujourd'hui.

Le linteau est *doublé* d'une planche sur laquelle la fixent treize clous à corolle (V. planche 1).

Les battants de la porte n'ont à l'intérieur aucune décoration : un encadrement assez riche y entoure cependant la baie ; il est formé de deux montants de 3^{m}05 $\times$ 0^{m}12 et d'un linteau de 1^{m}40 $\times$ 0^{m}12, agrémenté d'une rangée de six clous de bronze du type courant (v. pl. 2).

PLANCHE II.

Face postérieure de la porte de la Mosquée funéraire de Sidi Oqba (Algérie),
dessin de CH. EMONTS, d'après les photographies de P. BLANCHET.

Il faut distinguer avec soin, au point de vue de la décoration :

> Les deux linteaux,
> Les montants extérieurs et le cadre intérieur,
> Les baguettes couvre-joints.

Les linteaux sont couverts d'ornements plats, à fort relief, nettement détachés sur un fond de rinceaux menus. Les ornements, très saillants, ont des arêtes aiguës, et sont en leur milieu creusés d'un trait de gouge qui accuse encore leur netteté.

Le linteau supérieur semble à vraiment parler une étoffe brodée surchargée de soutaches : ce que l'on peut très facilement admettre, avec M. Saladin, car on y retrouve la reproduction de rubans chevauchant les uns sur les autres (Planche I, A).

Le linteau est divisé en plusieurs compartiments inégaux par deux lignes horizontales, deux lignes verticales et deux lignes obliques. Dans les grands compartiments de droite et de gauche, des ornements en S se combinent de façon à former des cœurs (B) ; au-dessous se déroulent des rinceaux très larges et très fermes (C). Un motif central bien équilibré, dont la silhouette rappellerait la forme de deux consoles affrontées, interrompt la monotonie de l'ornement. Deux palmettes stylisées, curieusement raidies, plus semblables à des ailes qu'à des feuilles, remplissent très heureusement les compartiments irréguliers qui, de droite et de gauche, forment la décoration (E).

Le second groupe offre un aspect assez différent : à part un long bandeau où nous retrouvons les mêmes rinceaux très fermes que sur le linteau (F), la décoration est nouvelle : le montant a été divisé en onze compartiments inégaux, où alternent régulièrement des rectangles et des carrés. Les carrés renferment des quatrefeuilles (G), des rosaces (H), des rinceaux et des palmettes étrangement déformés, les uns en une espèce de *swastika* (I), les autres en un cœur renversé ombragé de deux ailes (J).

Les rectangles sont décorés de motifs de trois sortes : des rinceaux plats, lourds, enchevêtrés les uns dans les autres en une dentelle massive et sans harmonie (K) ; des rinceaux très légers, à section non plus concave, mais convexe, et terminés non plus par des feuilles ou des restes de feuilles, mais par de petites boules : on les a superposés les uns aux autres, horizontalement, verticalement, en arabesques gracieuses quoiqu'un peu maigres (L) ; un mélange enfin de ces derniers rinceaux et de lignes droites grâce auquel l'on obtient des motifs très harmonieux, équilibrés sans symétrie, simples sans sécheresse, riches sans exubérance (M).

A l'intérieur, même décoration, plus précise encore : des losanges et des triangles y encadrent des mêmes compartiments les mêmes rinceaux légers (Planche II).

Les baguettes couvre-joints ' ont beaucoup souffert ; on peut cependant reconnaître qu'elles portaient à la fois des rinceaux à section concave, creusés d'un trait de gouge, et des rinceaux à section convexe. Mais ils sont surtout caractérisés par l'apparition de longues palmettes rangées, gauches, raides, pauvres et maigres, décoration barbare, sans composition, sans relief, que termine assez naturellement au sommet des baguettes une triple corniche inclinée, couverte de stries.

Les dissemblances que nous venons de signaler nous permettront de dater avec assez de vraisemblance la porte de Sidi Oqba.

L'ornementation à motifs saillants recreusés à la gouge, est une tradition romaine. Je n'en veux pour preuve que les fragments conservés à Sétif, à Aïn Beida, à Khenchela,

1. Comparer avec le battant de la porte du couloir 1 de la mosquée de Sidi Oqba à Kairouan (V. ouv. cité, fig. 1. — H. Saladin).

et surtout ce soffite inédit que j'ai relevé l'an dernier à Starfekat, près de Mlili (Ziban), où il suffit de jeter les yeux pour reconnaître le modèle même du décor d'un de nos linteaux (fig. I).

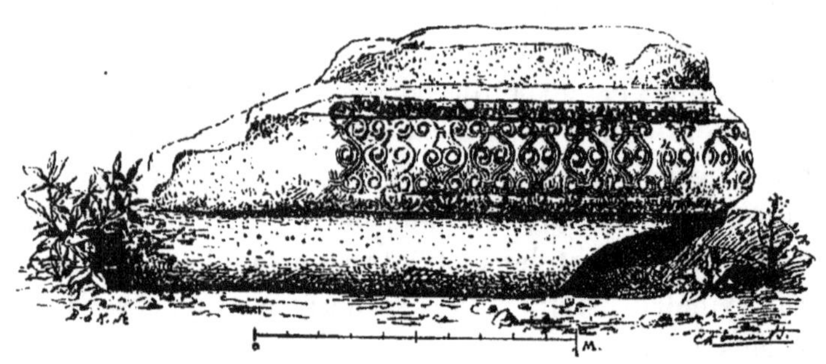

FIGURE I.

Soffite d'une architrave à Starfekat (Algérie).

L'ornementation plus touffue, en rinceaux plus maigres, à section convexe, terminés par de petites boules, encadrés de losanges et de triangles, et qui donne à un panneau de bois l'aspect d'une feuille de métal repoussé, des monuments du Caire, les boiseries de Kairoan, certaines sculptures de la Kalaa des Beni-Hammad nous l'ont montrée bien souvent déjà. Je compte démontrer bientôt, à propos d'autres monuments, qu'elle aussi est originaire du Maghreb, et qu'elle aussi remonte à l'époque romaine [1]; mais telle que nous la connaissons en son plein épanouissement, elle est avant tout la décoration de l'époque fatimite.

La survivance des premières formes, très rares à la

---

1. L'influence prépondérante des modèles antiques sur les œuvres du moyen âge berbère explique à merveille la gaucherie des baguettes couvre-joints ; tant qu'il s'agit de décorer des surfaces planes ayant une certaine étendue, les monuments anciens fournirent des motifs qui, copiés ou modifiés, avaient de l'harmonie, de l'équilibre et de la grâce. Mais pour décorer des baguettes aussi minces, il fallait modifier du tout au tout les motifs connus — ou trouver du nouveau ; dans le premier de ces cas on fut gauche — dans l'autre, barbare.

même époque, doit nous faire reporter notre monument aux premières années de la dynastie chiite. C'est la conclusion que nous impose également l'examen des rosaces dont plus de la moitié ont encore la lourdeur et la gaucherie des rosaces aglabites (mosquée des Trois Portes, à Kairoan, murailles de Sousse, etc.), de même que celui du lourd morceau de dentelle qui décore le troisième compartiment rectangulaire des montants, et qui semble la réplique d'un panneau du mimber de Kairoan.

Ce serait donc aux dernières années du neuvième ou au début du dixième siècle qu'il faudrait attribuer la porte de Sidi Oqba.

Nous ne connaissons pas l'histoire de cette porte : mais les traditions locales veulent qu'elle ait été apportée de Tobna : or, Tobna fut une grande ville de l'an 750 à l'an 1000 environ ; la tradition confirme notre analyse.

Si d'autre part, nous nous méfions de la tradition, il est impossible de ne pas nous rappeler que le tombeau de Sidi Oqba, alors à Thouda, fut d'abord menacé de destruction, puis après divers prodiges menaçants, embelli par le second khalife fatimite, El Mansour. Si la porte provient de Thouda, et non de Tobna, elle n'en est pas moins du début du dixième siècle.

Or, les plus anciennes sculptures sur bois qui nous soient parvenues du moyen âge musulman sont, si je ne me trompe — et en laissant de côté la chaire de Djama Zitouna, que je crois aglabite en certaines parties, mais dont je n'ai eu encore qu'une photographie insuffisante, la chaire de Kairoan — (première moitié du neuvième siècle), le *beit el idda* de Kairoan — (milieu du onzième siècle), les trois *mimbers* du Caire, publiés par M. Ravaisse, — (douzième siècle).

Notre porte, on le voit, doit occuper dans l'histoire de l'art musulman une place très honorable.

BAUGÉ (MAINE-ET-LOIRE). — IMPRIMERIE DALOUX

DESCRIPTION DE L'AFRIQUE DU NORD

ENTREPRISE PAR ORDRE DE

M. le Ministre de l'Instruction publique et des Beaux-Arts

ATLAS ARCHÉOLOGIQUE DE LA TUNISIE

Edition spéciale des cartes topographiques publiées par M. le Ministre de la Guerre, accompagnée d'un texte explicatif par MM. E. BABELON, R. GAGNAT, S. REINACH, Membres de l'Institut. Livraisons 1, 2, 3, 4 et 5, accompagnées chacune de 4 cartes. Chaque livraison in-folio... 8 fr.

MUSÉES ET COLLECTIONS ARCHÉOLOGIQUES
DE L'ALGÉRIE ET DE LA TUNISIE

I. — **Musée d'Alger.** Texte par M. Georges DOUBLET. In-4, 14 pl. 12 fr.

II. — **Musée de Constantine.** Texte par MM. Georges DOUBLET et Paul GAUCKLER. In-4, avec 16 planches..................... 12 fr.

III. — **Musée d'Oran.** Texte par M. R. DE LA BLANCHÈRE. In-8, 7 pl. 10 fr.

IV. — **Musée de Cherchel.** Texte par M. GAUCKLER. In-4, 21 pl. 15 pl.

V. — **Musée de Lambèse.** Texte par M. CAGNAT, membre de l'Institut In-4. 7 planches..................... 12 fr.

VI. — **Musée de Philippeville.** Texte par MM. GSELL et BERTRAND. In-4, 11 planches..................... 12 fr.

VII. — **Musée Alaoui.** Texte par R. DE LA BLANCHÈRE et Paul GAUCKLER. En deux parties, in-8, illustré de 43 planches .... 10 fr.

Deuxième série

Musée Lavigerie de Saint-Louis de Carthage. Collection des Pères Blancs, formée par le R. P. DELATTRE, correspondant de l'Institut. In-4, 27 planches en un carton................ 15 fr.

TIMGAD
UNE CITÉ AFRICAINE SOUS L'EMPIRE ROMAIN

PAR

M. ALBERT BALLU
Architecte en chef
des Monuments historiques de l'Algérie

M. RENÉ CAGNAT
Membre de l'Institut
Professeur au Collège de France

Ouvrage accompagné de plans et de dessins exécutés par les soins du Service des Monuments historiques de l'Algérie

Publié en 9 ou 10 livraisons in-4, avec dessins et planches en héliogravure, phototypie, chromolithographie, etc.

Les livraisons I à V ont paru. Chaque livraison............... 10 fr.

L'ARMÉE ROMAINE D'AFRIQUE et l'occupation militaire de l'Afrique sous les

Empereurs, par René CAGNAT, Membre de l'Institut, Professeur au Collège de France, Membre de la Commission de l'Afrique du Nord. In-4, nombreux clichés, planches en héliogravures, cartes............. 40 fr.

GUIDES EN ALGÉRIE & EN TUNISIE

A L'USAGE DES TOURISTES ET DES ARCHÉOLOGUES

I. — **Lambèse,** par René CAGNAT, Membre de l'Institut, Professeur au Collège de France. In-18, figures et plans............... 1 fr. 50

II. — **Carthage,** par Ernest BABELON, In-18, figures et plans.... 3 fr. »

III. — **Timgad,** par Albert BALLU, Architecte en chef des Monuments historiques de l'Algérie, Direct des fouilles. In-18, fig. et pl. 1 fr. 50